Comment écrire un livre et avoir du succès.
12 étapes simples et efficaces

Murielle Lucie Clément

Comment écrire un livre et avoir du succès.

12 étapes simples et efficaces

MLC

Du même auteur

» *Carmen*, Amazon Kindle et CreateSpace
» *Comment devenir proustien sans lire Proust*, 2015
» *Lettres de Sibérie*, 2015
» *Le Département de français*, 2012
» *Représentation des Russes et de la Russie dans le roman français des XX et XXI siècles*, 2012
» *La Fabuleuse histoire d'Amsterdam et des Pays-Bas*, 2011
» *Andreï Makine. L'Ekprasis dans son œuvre*, 2011
» *Le Monde selon Andreï Makine. Textes du collectif de chercheurs autour de l'œuvre d'Andreï Makine*, Murielle Lucie Clément et Marco Caratozzolo eds., 2011
» *Andreï Makine. Recueil 2011*, 2011
» *Michel Houellebecq à la Une*, (e.a. eds.), 2011
» *Le Malaise existentiel dans le roman français de l'extrême contemporain* (e. a. ed.), 2011
» *Andreï Makine. Le multilinguisme, la photographie, le cinéma et la musique dans son œuvre*, 2010
» *Lou rediviva. Entretien avec Pascale Hummel*, 2010
» *Michel Houellebecq. Sexuellement correct*, 2010
» *Andreï Makine. Présence de l'absence : une poétique de l'art (photographie, cinéma, musique)*, 2010
» *Kunst in Transvaal Amsterdam*, 2010
» *Au fil des ondes*, 2010
» *Les Bienveillantes de Jonathan Littell. Études réunies par Murielle Lucie Clément*, 2010
» *Autophilologie. La philologue au miroir. Entretien avec Pascale Hummel*, 2010
» *Andreï Makine. Etudes réunies par Murielle Lucie Clément*, 2009
» *Comment devenir proustien sans lire Proust*, 2009
» *Hedendaagse Frans Kunst in Nederland*, 2009
» *Autour des écrivains franco-russes, sous la direction de Murielle Lucie Clément*, 2008

» *Écrivains franco-russes. Études réunies par Murielle Lucie Clément*, 2008
» *Relations familiales dans les littératures française et francophone des XXe et XXIe siècles.*
La Figure du père, (e.a. eds.), 2008
» *Relations familiales dans les littératures française et francophone des XXe et XXIe siècles.*
La Figure de la mère, (e.a. eds.), 2008
» *Andreï Makine. Recueil 2007*, 2007
» *Michel Houellebecq sous la loupe*, (e.a. eds.), 2007
» *Michel Houellebecq revisité*, 2007
» *Le Nagal, Chansons poétiques et poésies chantées en trois parties*, 2007
» *Baudelaire et la musique*, 2005
» *Le Bateau ivre*, 2004
» *Houellebecq, Sperme et sang*, (2003) ASCA book award 2004
» *Sibérie, Entretiens au quotidien*, 2002
» *Noël, Christmas, Kerstmis, Navidad, Weinacht*, 2001
» *Les Nuits sibériennes*, 2001
» *Mongolie-Mandchourie-Sibérie*, 2000
» *Sur un rayon d'amour*, 2000
» *L'Arc-en-ciel, 1999*, Prix des Poètes 2000
» *Les Nuits sibériennes*, 1998
» *Les Héroïnes de l'opéra*, 1996

Editions MLC
Le Montet
36340 Cluis
© MLC 2015
ISBN: 978-2-37432-00-14

Introduction

Vous avez toujours voulu écrire un livre. Mais, vous l'avez commencé et ne l'avez jamais terminé ou vous n'avez même jamais vraiment commencé. Votre rêve est de devenir écrivain, mais vous ne savez pas comment vous y prendre. Heureusement pour vous, « Comment écrire un livre et avoir du succès. 12 étapes simples et efficaces » répond à votre brûlant dilemme.

« Comment écrire un livre et avoir du succès. 12 étapes simples et efficaces » a été conçu pour résoudre votre problème d'une manière simple, efficace, facile à lire et encore plus facile à mettre en pratique.

Ce livre est pour les auteurs qui souffrent de procrastination, qui reportent toujours à plus tard le moment de se mettre devant leur ordinateur ou leur table de travail et écrire, qui manquent d'engagement vis-à-vis d'eux-mêmes, de confiance en soi.

Ce livre vous aidera à résoudre tout ce qui vous empêche d'écrire et de devenir l'auteur à succès que vous méritez d'être. De même, ce livre vous aidera à améliorer vos ouvrages si vous êtes déjà publié.

Dans « Comment écrire un livre et avoir du succès. 12 étapes simples et efficaces », je vais vous montrer tout ce que vous devez savoir pour être en mesure d'écrire votre livre que ce soit un roman ou un ouvrage de non-fiction, de le terminer avec plaisir et avoir le succès dont vous êtes digne.

Moi aussi j'ai été comme vous. Je rêvais de devenir écrivain, d'écrire des livres que les lecteurs aimeraient lire, de vivre de ma plume, comme on dit si poétiquement. J'y suis parvenue et si je le peux, vous le pouvez aussi.

En tant qu'auteur de plus d'une quarantaine de livres publiés et vivant de ma plume, je sais de quoi je parle. Je suis passée maître dans l'art de résoudre mes problèmes d'écriture ! Ces solutions, je vous les confie ici.

Vous surmonterez les obstacles avec aisance sans avoir à y consacrer plusieurs mois voire des années. Vous pouvez me faire confiance ! Je connais le sujet à fond et je partage avec vous une méthode éprouvée. Cette méthode que je vous offre vous aidera à gagner des années d'apprentissage et à écrire plus rapidement du contenu de qualité.

Avant vous, des poètes, des romanciers, des écrivains et beaucoup d'autres ont bénéficié d'un grand succès en appliquant les conseils et les astuces que je livre dans ce guide pratique. Vous découvrirez quelques petits secrets très utiles qui vous permettront d'avancer rapidement dans votre projet d'écriture.

Caroline M. qui écrit des romans du genre sentimental a dit : « La meilleure chose à propos de ce livre, c'est que ce sont des étapes que l'on peut mettre en pratique tout de suite et qui sont efficaces. » Et Kevin D. a terminé son livre qu'il avait délaissé depuis longtemps : « En lisant "Comment écrire un livre et avoir du succès. 12 étapes simples et efficaces", j'ai su comment continuer à écrire. J'ai terminé mon livre et je l'ai publié en trois semaines. »

Je vous promets qu'après avoir lu « Comment écrire un livre et avoir du succès. 12 étapes simples et efficaces » vous avancerez rapidement dans votre projet d'écriture et terminerez votre livre en un temps record. De plus, je vous promets que vous aurez du plaisir à l'écrire. Vous serez fier de vous. Votre famille et vos amis le seront également.

Alors, n'hésitez plus. N'attendez plus.

Lisez « Comment écrire un livre et avoir du succès. 12 étapes simples et efficaces » et réalisez votre rêve de devenir un auteur à succès.

Ne soyez pas l'une de ces personnes qui manquent les opportunités de la vie parce qu'elles mettent trop de temps pour se décider.

Soyez le genre de personne que l'on admire. Soyez le genre de personne que les autres voient et disent : « Je me demande comment elle fait ? » Soyez le genre de personne qui prend une décision et l'exécute immédiatement. ECRIVEZ VOTRE LIVRE grâce à « Comment écrire un livre et avoir du succès. 12 étapes simples et efficaces ».

Les astuces, les conseils de cette méthode éprouvée que vous êtes sur le point de lire a généré des résultats brillants et de façon rapide. La seule chose que vous devez faire pour arriver à écrire votre livre est de mettre en pratique ces conseils et vous écrirez un livre que les lecteurs aimeront lire.

Chaque étape vous procurera une nouvelle idée pour vous permettre d'écrire avec à la fin une récapitulation claire et précise. Ainsi vous saurez Quel genre écrire, Pour qui écrire, Comment écrire. Vous apprendrez pourquoi faire un plan est si important. Vous verrez comment choisir votre titre de façon à ce que vos lecteurs choisissent de lire votre livre.

Prenez le contrôle de votre créativité tout de suite ! Ecrivez votre livre et libérez l'auteur qui est en vous grâce à « Comment écrire un livre et avoir du succès. 12 étapes simples et efficaces ».

De vous à moi

Lorsque j'étais enfant, j'avais coutume de dire « Quand je serai grande, je serai écrivain. ». C'est la réponse que je donnais invariablement à la sempiternelle question « Qu'est-ce que tu veux faire plus tard ? ».

Mes parents, qui étaient de grands lecteurs, avaient confiance en mes talents, mais ils jugeaient cette profession incapable de nourrir son homme (en l'occurrence sa femme). Ils se contentaient de me fixer incrédules.

De toute évidence, leurs lectures leur ayant fait découvrir les biographies de Nerval, Gary, Sorgue et une longue liste d'auteurs qui avaient devancé l'heure de leur mort, on ne saurait leur donner complètement tort. Ils craignaient pour ma vie. Ajoutez à cela que j'aimais peindre et admirais Vincent Van Gogh et vous serez en droit de vous demander s'ils me voyaient déjà en grande suicidée ou en auteur à succès. Je ne saurais vous le dire. Toujours est-il que la conversation prenait un autre tour après avoir hoqueté quelques secondes.

J'écrivais sur des cahiers qui m'accompagnaient partout. Des pérégrinations diverses me firent perdre un grand nombre de mes écrits en toute sorte. Quelques-uns furent miraculeusement sauvés.

Etant persuadée qu'il me fallait acquérir une réserve de souvenirs conséquente pour ensuite les confier au papier, car c'est ainsi que je m'imaginais le métier d'écrivain, je voyageais, visitant tous les pays que je pouvais. Les voyages forment la jeunesse comme chacun le sait. Je sautais d'un avion à l'autre me gargarisant de mots comme « vols transcontinentaux », nettement plus magiques que « vols internationaux ». Je remplissais des feuilles les unes après les autres.

Puis, me vint l'idée d'être publiée. Inconsciente et ignorante j'envoyais mes écrits à plusieurs éditeurs. L'un d'eux eut l'amabilité de m'envoyer un contrat. Mon manuscrit avait eu l'heur de lui plaire. Toutefois, une fois le contrat signé, il me le renvoya avec sur chaque page des ratures et des remarques tracées à gros traits rouges : « Mal écrit », « Mieux écrire », « Expliquez », « Quel rapport ? », « Trouvez des synonymes », « Que voulez-vous dire ? » et celui qui faisait mal « Supprimez ». Mais, le pire de tout était cet horrible « Anglicisme » généralement souligné deux fois !

Ma langue maternelle s'était émoussée au contact de toutes les autres au cours de discussions menées avec des locuteurs dont la langue de Molière était la deuxième, voire troisième langue parlée.

Moi qui avais des premiers prix de français

au lycée, je voyais bien que mon niveau avait baissé. Passer une licence à l'université me paraissait la solution adéquate pour réapprendre un français correct que trop d'années passées à l'étranger m'avaient fait oublier. Après tout, il n'est jamais trop tard.

Cette année à l'université me fut bénéfique. Je lisais énormément, devais remettre des dissertations et les cours étaient donnés dans un français impeccable. Un vrai bonheur.

Ma licence en poche, je me décidais pour un Master tant cette situation me plaisait et je prenais autant de cours que mon emploi du temps le permettait. Entre-temps, mon éditeur avait publié « Mongolie-Mandchourie-Sibérie ». Je perfectionnais mon écriture tout en côtoyant avec assiduité les grands de la littérature à la bibliothèque.

J'écrivais des articles, puis ce fut « Baudelaire et la musique » aux Editions

Sahar et mon mémoire sur Michel Houellebecq qui fut accepté par l'Harmattan. « Houellebecq, Sperme et sang » le premier livre universitaire sur l'auteur devint une référence académique.

Mais, pourquoi m'arrêter en si bon chemin? Pourquoi m'arrêter au Master ? Autant profiter de l'expérience acquise en recherche et écrire une thèse. Ce que je fis. J'obtins mon doctorat ès lettres avec « Andreï Makine. Présence de l'absence: une poétique de l'art (Photographie, cinéma, musique) ».

Ma thèse, de même, fut publiée.

Je vous confie mon parcours afin que vous sachiez que si j'ai réussi, vous aussi pourrez le faire.

Votre cheminement sera différent du mien, puisque nous sommes des personnes différentes, mais vous y parviendrez et je vais vous y aider. En écrivant « Comment écrire un livre : 12 étapes simples et efficaces », je veux vous éviter un long parcours et vous faire profiter de mon expérience.

Avec de la persévérance, vous arriverez à écrire votre livre. Et, après l'avoir publié, vous en écrirez plusieurs et… qui sait ce qui peut se passer… Oui, il ne faudra surtout pas vous arrêter au premier.

Mais, assez parlé et voyons comment écrire votre livre !

Étape 1 : Quel genre écrire ?

Avant de mettre une seule ligne sur le papier, il est bon, si vous ne l'avez pas encore fait, que vous réfléchissiez un instant aux différentes possibilités qui s'offrent à vous, c'est-à-dire les genres littéraires.

On peut diviser les livres en deux grandes familles : la fiction et la non-fiction. On peut aussi ergoter et en trouver une troisième avec l'autofiction, mais c'est une autre histoire.

Concentrons-nous pour l'instant sur les deux plus importants groupes qui font l'unanimité.

1) La non-fiction :

Dans le groupe de la non-fiction, vous rencontrez les livres qui rapportent des faits ou des développements philosophiques personnels à l'auteur, mais où l'imagination occupe une place moins importante que les données : la biographie, le récit de vie, l'autobiographie, le mémoire, la thèse, l'essai…

Cette liste est non exhaustive, car les rapports, les procès-verbaux, les catalogues sont aussi à ranger parmi les ouvrages de non-fiction, bien qu'il soit difficile de les compter parmi la littérature.

2) La fiction :

Parmi les livres de fiction, sont rangés grosso modo les romans, les récits, les nouvelles et la poésie. Nous laisserons de côté pour l'instant les récits, les nouvelles et la poésie pour regarder de plus près le roman, celui-ci pouvant se décliner en plusieurs sous-genres dont voici les principaux :

Policier
Thriller
Sentimental
Science-fiction
Érotique
Gothique
Romantique
Historique
Espionnage
Fantastique

Chaque genre de roman pouvant aussi se diviser en sous-genres. Ainsi le roman historique peut l'être par époque : médiévale, XVIe siècle, époque romaine, etc. Le roman érotique peut être « soft » ou « hard », hétéro, homo, lesbo… Le roman sentimental, la romance, connaît aussi ses différentes catégories. Il suffit de consulter le catalogue ou le site Internet des éditions Harlequin pour le voir.

Le roman policier peut être le décryptage

d'une enquête par un détective solitaire ou bien orienté sur le travail d'une équipe, un duo ou de tout un commissariat. Le lecteur peut appréhender l'histoire par le regard d'un tueur, d'un avocat ou d'un procureur ou du héros auquel il peut facilement s'identifier.

Le lecteur peut être mis au courant depuis le tout début de l'identité du meurtrier ou ne la découvrir qu'à la fin du livre ayant été dirigé sur différentes fausses pistes tout au long de l'histoire. À cela s'ajoute que certains auteurs aiment à insérer des intrigues secondaires, des détails sur la vie de plusieurs personnages, des grandes descriptions de lieux, etc. Elisabeth George est une digne représentante des auteurs qui tissant des intrigues secondaires profondes et bien ficelées dans l'intrigue de ses romans.

Parfois, le meurtre est décrit en détail avec des scènes sanglantes parsemant les pages alors que d'autres romans ne mentionnent aucune trace de sang. Tout est selon le style de l'auteur et le lecteur peut choisir les genres qu'il préfère.

En règle générale, le roman policier requiert de la recherche, car les lecteurs amateurs du genre sont bien informés. L'auteur doit être au courant des techniques employées tant pour ce qui est de l'autopsie et de la manière de connaître l'heure où un crime a été commis que les effets d'un poison utilisé pour commettre un meurtre. En un mot, la thanatologie qui est la science de la mort.

Mais, la nécessité de faire une bonne recherche est aussi valable pour les autres genres, en fait. Mieux vous connaîtrez le sujet sur lequel vous écrivez, mieux vous pourrez emporter votre lecteur. Donnez-lui des détails, cela lui permettra de s'identifier à la scène et aux personnages.

Au début et pour un premier roman, il est préférable que vous évitiez le mélange des genres. Choisissez-en un et restez-lui fidèle.

Ainsi, vous pourrez en faire l'exploration. Ensuite, toutes les libertés vous seront permises, car vous connaîtrez bien les genres différents pour les avoir pratiqués.

Une bonne manière d'apprendre les genres littéraires, c'est de lire énormément. Lisez de tout. Vous désirez écrire un roman ? Lisez le plus possible de romans ! Et lisez-en de très différents les uns des autres afin d'être capable de les différentier. Quel genre de roman vous plaît le plus ? Quel est votre auteur favori ? Comment ses livres sont-ils construits ? Autant de réponses auxquelles vous serez en mesure de répondre et qui vous aideront à construire votre roman.

La même chose vaut pour les livres de non-fiction à la seule différence que vous ne vous confinerez pas à un auteur en particulier, mais que vous rechercherez les sujets différents. La manière de les aborder, de les traiter.

Maintenant que vous avez parcouru cette étape, vous pouvez commencer votre propre réflexion et déterminer le genre dans lequel vous voulez écrire un livre : Fiction ou non-fiction.

Récapitulation :

* Vous connaissez votre sujet s'il s'agit de non-fiction.

* Vous savez exactement quel genre de roman vous voulez écrire s'il s'agit de fiction.

Regardons de plus près les enjeux des deux catégories.

Étape 2 : Pour qui écrire ?

Plusieurs gourous du web vous diront qu'il faut écrire des livres de non-fiction, car ce sont les seuls qui se vendent bien. C'est peut-être vrai aux USA, mais si vous écrivez en français, cela l'est moins.

Pour vous en convaincre, il vous suffit d'entrer dans n'importe quelle librairie, Maison de la Presse, Relais journaux dans une gare ou d'aller voir sur le site d'Amazon dans la boutique Kindle et de cliquer sur la liste des 100 livres les mieux vendus. Sur les 100 livres cités, au moins 80 sont des livres de fiction.

Alors, pourquoi, ces méthodes décrivent-elles les grands avantages à écrire des livres de fiction ? La réponse est simple : beaucoup de ces méthodes sont des traductions adaptées de l'américain.

Mais, à la lecture de ces méthodes, vous glanerez des informations qui peuvent être intéressantes et applicables à votre cas. Rien de tel que lire ce que font les autres pour vous donner des idées. Un de mes professeurs disait toujours : « Dans le pire des cas, vous apprendrez " Comment ne pas faire" » ! Ce qui, convenez-en, est déjà un gros point de gagné.

Donc en résumé, si vous désirez écrire un roman, une nouvelle, un récit ne vous retenez plus. Allez-y et lancez-vous dans l'écriture de votre chef-d'œuvre. N'hésitez surtout pas, car pour être en mesure de terminer votre livre, quel qu'il soit, le meilleur moyen est de commencer par écrire ce dont vous avez vraiment envie.

Concentrez-vous à écrire un livre qui vous plaise, un que vous aimeriez lire. Cela coule de source me direz-vous, car si le livre que vous écrivez ne vous intéresse pas comment pourrait-il retenir l'attention des lecteurs. Souvenez-vous : vous écrivez pour des lecteurs. Pour eux, vous voulez le meilleur.

Créez une ambiance, créez des personnages, rendez-les attachants et crédibles. Votre lecteur doit être capable de s'identifier à eux. Ce n'est pas tant ce qu'ils font que ce qu'ils sont et comment vous les dépeindrez qui les rendra vrais et crédibles.

Regardez l'un des plus grands best-sellers de tous les temps, « Dracula » de Bram Stoker. Une histoire plus qu'improbable dans un cadre où le plus grand nombre d'entre nous n'est jamais allé et n'ira, selon toute vraisemblance, jamais. Pourtant, nous sommes littéralement emportés par l'histoire du compte de Dracula, et celui-ci devient si vivant, si réel que nous y croyons. Nos peurs ancestrales des vampires sont réveillées à la lecture.

La même chose se passe avec le film « King Kong ». Un monstre du cinéma, qui n'est pas inspiré de la littérature comme Dracula ou Frankenstein, nous émeut au plus profond de nous-mêmes. Nous nous identifions au gros singe parce que les scénaristes ont su le rendre attachant en le dotant de sentiments auxquels nous pouvons nous identifier. Son amour pour la jeune femme est si évident que nous aimerions qu'il ne succombe pas aux rafales lancées contre lui lorsqu'il escalade les gratte-ciels.

King Kong est l'archétype du personnage improbable, mais si attachant, au comportement si humain, avec des émotions humaines qui pourraient être les nôtres. Pourtant qu'il est laid ! La même chose vaut pour « La belle et la bête » de Jean Cocteau. À part que cette foi-ci, ce n'est pas seulement le lecteur qui est accaparé par la Bête, la Belle l'est également et nos émotions en tant que lecteur ou spectateur suivent les siennes.

Tout cela pour démontrer qu'importe l'apparence du personnage. Du moment que vous savez le faire vibrer de vrais sentiments, le lecteur vibrera à son tour au fil de l'histoire que vous saurez tisser.

Pour un dernier exemple, je prendrais Quasimodo dans « Notre-Dame de Paris » de Victor Hugo. L'amour inconditionnel du bossu pour la gitane, Esmeralda, nous emplit tous de nostalgie. Qui n'aimerait pas pouvoir aimer avec tant d'abnégation?

Cela ne veut pas dire que vos personnages doivent souffrir d'un amour secret. Simplement qu'ils doivent éprouver des sentiments et des émotions sincères auxquels il est possible de s'identifier.

Par ailleurs, il est bon de noter que la liste des livres les mieux vendus dans la boutique Kindle regorge de littérature sentimentale. C'est un genre qui requiert des codes spéciaux, mais si vous aimez les lire, vous pourrez certainement les écrire si tel est votre souhait.

Récapitulation :

* Vous pouvez aussi bien écrire de la fiction que de la non-fiction.
* Rappelez-vous à tout moment que vous écrivez pour vos lecteurs !
* L'apparence de vos personnages est moins importante que leurs actions.
* Rendez-les vivants en les dotant de sentiments et laissez voir leurs émotions.

Étape 2 suite : Pour qui écrire 2 ?

D'un autre côté, si vous préférez vous lancer dans l'écriture d'un livre de non-fiction, vous devriez prendre plusieurs choses en considération.

Une première chose à faire, c'est un inventaire de vos connaissances. Quels sont les sujets que vous maîtrisez à fond ? Je vous le demande, car il est toujours plus facile d'écrire sur un sujet que l'on connaît bien. Faites une liste sur tout ce que vous êtes capable d'écrire sans avoir à faire trop de recherches.

Avez-vous réussi à perdre un bon nombre de kilos ? Alors, vous pouvez écrire sur « Comment maigrir ». Êtes-vous une très bonne cuisinière ou êtes-vous capable de concocter de bons petits plats pour la famille ou les amis ? Écrivez un livre de recettes. Avez-vous surmonté rapidement une période de dépression ? Votre livre à ce sujet aidera les autres. Avez-vous appris un grand nombre de tours à votre chien ? Les amis des animaux seront ravis que vous partagiez votre plan d'éducation avec eux. Réussissez-vous à démonter et remonter votre moteur de voiture ? Les amateurs mécaniciens vous liront avec plaisir. Votre pelouse est-elle plus verte que verte ? Décrivez la manière dont vous l'entretenez. Autant de sujets qui, à première vue, vous semblent anodins, mais si vous en faites un livre, vous apporterez une solution à beaucoup de personnes.

Si vous voulez avoir une certitude sur le contenu qui se vendra et sera lu et aidera vos lecteurs, écrivez un contenu de qualité. C'est la première règle à respecter. Que vous connaissiez dans quelle niche il faut écrire, que vous appliquiez ou non les mots-clés à votre titre : tout cela ne servira strictement à rien si votre contenu est pauvre et n'apporte aucune solution à vos lecteurs.

D'un autre côté, si vous désirez écrire sur un sujet inconnu de vous, mais que vous êtes prêt à faire les recherches nécessaires parce que vous avez vu que c'est un sujet porteur, n'hésitez pas non plus. Tout est possible et tout se résume à procurer une expérience de lecture agréable à vos lecteurs avec un contenu de qualité qui améliorera leurs connaissances et leur apportera la solution à un problème donné.

Mais attention ! Un plaisir d'écriture pour vous ne signifie pas automatiquement un plaisir de lecture pour vos lecteurs. S'il s'agit de non-fiction, il est préférable d'utiliser un langage simple, correct duquel vous éliminez, non seulement, toutes les fautes de grammaire, d'orthographe et autres, mais d'où vous éliminez également les mots difficiles. Vos lecteurs recherchent une solution, pas un cours de vocabulaire !

Cela peut aussi être un contenu qui les aide dans leur recherche, un sujet que vous creusez à fond et sur lequel vous offrez vos remarques. Les options sont légion et la seule limite est votre imagination. Sans tout de suite vouloir écrire une thèse ou un mémoire de plusieurs centaines de pages, vous pouvez mettre vos recherches personnelles à la disposition de vos lecteurs contre rémunération. Pourquoi pas ?

Le principal est, dans ce cas, de bien ordonner vos idées d'où la nécessité d'un plan. Ce que nous verrons plus loin. Pour l'instant, nous devons être plus concernés par la question « Comment écrire ? ».

* Récapitulation :

* Qu'est-ce que votre livre offre aux lecteurs ?
* Leur apportez-vous une solution ?

* Votre livre les aide-t-il à accomplir quelque chose ?

Étape 3 : Comment écrire ?

S'il s'agit d'un premier livre, vous pouvez avoir des difficultés à vous considérer comme un auteur à part entière. Cela peut aussi être le cas après que vous en ayez écrit plusieurs dizaines. C'est une sensation tout à fait normale. Une manière d'y remédier est de se créer un coin auteur. Un endroit que vous consacrerez à l'écriture, un lieu où vous serez auteur.

Cela peut être une pièce de la maison ou de l'appartement si ceux-ci s'y prêtent et que vous disposiez d'une habitation adéquate, mais il peut tout aussi bien s'agir d'une table de travail.

Le fond d'écran de votre ordinateur peut

aussi remplir cette fonction. Dès que vous vous mettez derrière votre clavier, vous avez une image qui vous rappelle votre projet. Là, les options sont légion, car c'est une question d'affinité et de choix absolument personnel. En fait, chaque auteur a sa manière propre.

Baudelaire, par exemple, se mettait à écrire la nuit, en revenant du spectacle après lequel il avait soupé. Il continuait à écrire jusque dans la matinée. Il avait un grand bureau tout encombré de papiers, de lettres, de manuscrits et de livres.

Proust, lui, restait de préférence dans son lit pour écrire, totalement isolé du monde dans une chambre insonorisée avec des panneaux de liège. Il sortait uniquement pour vaquer de temps en temps à des obligations sociales, lesquelles obligations consistaient pour la plupart en plaisirs mondains.

Colette ne pouvait écrire que sur du papier bleu, mais en revanche pouvait le faire n'importe où. Dans sa loge de théâtre, lorsqu'elle était en tournée, aussi bien que tranquillement chez elle. Comme quoi son coin auteur était concentré dans la couleur de son papier.

Plus près de nous, Amélie Nothomb se lève à quatre du matin et écrit jusqu'à huit heures tous les jours, avec la régularité d'une horloge. Un peu à l'heure où d'autres auteurs se couchent, elle commence sa journée d'écrivain. Pour s'accompagner dans ses projets d'écriture, elle se fait de grands pots de thé bien fort.

La petite histoire veut que J. K. Rowling, la maman de Harry Potter, ait écrit le premier tome des aventures du jeune sorcier alors qu'elle vivait dans sa voiture avec ses deux enfants. L'inconfort évident de l'espace ne l'a pas empêchée d'écrire un best-seller.

Un de mes amis écrit tous ses livres avec son ordinateur devant un café chez Starbuck.

Sans cela, il ne peut se mettre au travail. Pour lui, c'est l'odeur spéciale du café couplée à l'agitation de l'endroit qui l'inspire.

Henri Troyat, un monstre sacré de la littérature, écrivait debout quatorze heures par jour. On sait les chefs-d'œuvre qu'il a pu engendrer dans cette position que la plupart d'entre nous ne pensent pas adopter pour écrire.

Chacun finit par trouver son modus operandi et vous trouverez le vôtre.

Lire des biographies d'écrivains vous aidera à comprendre qu'il y a presque autant de méthodes que d'écrivains. Cela est important, car c'est aussi une question de vous écouter vous-même pour définir la vôtre. En lisant les vies des écrivains connus, vous aurez une idée de ce qui pourrait être vu pour un caprice, mais qui n'est en fait qu'une condition importante à remplir pour que cet écrivain puisse écrire. Farfelu, diront les uns, ridicule pourraient dire les autres ! Qu'importe si cela lui a permis d'écrire les chefs-d'œuvre qui ont ravi des millions de lecteurs ?

Pour ma part, j'aime commencer à écrire le matin et je continue toute la journée. J'essaie le plus possible de me tenir à une régularité lorsque je suis en train d'écrire un livre. Je préfère de loin un endroit tranquille, mais il m'est aussi arrivé d'écrire dans un hall de gare en attendant un train. Ceci dit, je suis une personne avec un grand pouvoir de concentration et je peux faire abstraction du monde qui m'entoure.

Regardez où et comment vous vous sentez le mieux pour écrire. Il est possible que vous ne le trouviez pas tout de suite. Il est possible que cela change au fil du temps. Faites des essais pour trouver votre façon propre.

Parfois, un cahier fait l'affaire. Il suffit de le prendre en main pour écrire. Votre coin auteur pourra même se situer dans un tiroir de commode ou une étagère de placard qui contiennent vos écrits. Cette dernière option est surtout valable si vous écrivez avec papier et stylo ou sur un ordinateur portable que peuvent contenir le tiroir ou l'étagère. Ce qui nous amène à considérer votre choix de matériel.

Récapitulation :

* Décidez de votre façon d'écrire.
* Trouvez votre « coin auteur ».
* Lisez des biographies d'écrivains pour piocher des idées.

Étape 4 : Ordinateur ou cahier et stylo ?

Certains auteurs ne jurent que par leur clavier alors que d'autres seraient bien incapables de confier leur premier jet immédiatement à leur ordinateur. Nous reviendrons sur ce fameux « premier jet » plus tard.

Que ce soit directement à l'ordinateur, si vous avez la chance de pouvoir taper votre texte aussi rapidement que vous le pensez (ou si vous pensez lentement !) ou que vous le couchiez à l'aide d'un stylo sur le papier est une question personnelle. Les deux ont des avantages et des inconvénients.

En écrivant directement à partir de votre clavier, votre manuscrit sera tout de suite dans votre ordinateur. Cela offre des avantages comme de pouvoir utiliser certains logiciels de corrections, mais aussi des logiciels comme Scrivener qui vous permet de tenir le compte de vos mots en plus de corriger vos fautes d'orthographe ou de grammaire.

À propos des correcteurs de texte, que ce soit dans Word, Scrivener, Office ou autre, sachez qu'ils sont loin d'être infaillibles et qu'un correcteur en personne sera nécessaire à votre manuscrit une fois celui-ci terminé. Nous reviendrons ultérieurement plus en détail à ce sujet.

En revanche, écrire à l'aide d'un stylo est plus physique, permet souvent de suivre plus facilement le fil de vos pensées sans avoir à se concentrer sur le mécanisme des doigts qui cherchent les touches. Cela va sans dire que si vous êtes un expert en frappe, cela ne vous concerne pas.

Là aussi, tout est une question de

préférence. Il est bon aussi de changer de méthode. Si vous avez l'habitude de frapper votre texte à l'ordinateur, essayez une fois d'écrire avec un stylo et vice versa. Vous serez surpris des bénéfices que vous pouvez tirer de l'expérience.

Je connais un écrivain de très haut niveau qui préfère le crayon à papier HB et des cahiers d'écolier pour écrire ses romans. Ce n'est pas une lubie sans plus. Il connaît le nombre exact de mots qui remplissent un cahier. Le nombre de cahiers écrits lui indique par la même occasion le nombre de pages que fera son livre. Un autre ami prend le chemin inverse. Il écrit directement à l'ordinateur, pour après cela tout réécrire à la main sur une rame de papier. Sur le papier, il fait aussi ses réécritures, puis il rentre à nouveau le manuscrit ainsi corrigé dans l'ordinateur.

Notez que beaucoup d'écrivains écrivent encore à la main. Certains avec un stylo, d'autres avec un crayon. Ils le font pour ensuite taper eux-mêmes leur texte à l'ordinateur. Il y a une raison à cela. Lors de la frappe, vous avez une relecture obligée du texte ce qui vous donne aussi la possibilité d'y apporter les premiers changements. En effet, ne soyez pas naïf. Tout le monde doit réécrire son texte au moins une fois. Que cela ne vous décourage cependant pas. C'est une fois que vous avez votre premier jet que le véritable travail commence. Relecture, réécriture, relecture et réécriture.

Le plus important, c'est d'écrire. Et pour écrire, il est préférable d'avoir un plan.

Récapitulation :

* Choisissez l'ordinateur ou le stylo

Étape 5 : Le plan

Après avoir déterminé le genre dans lequel vous avez décidé de vous lancer et de savoir si vous voulez écrire directement à l'ordinateur ou si vous passerez par les phases stylo papier, il est bon de faire un plan. Je vous le dis en toute connaissance de cause.

Faire un plan est essentiel avant de commencer à écrire. Vous ne serez pas obligé de le suivre de façon linéaire, mais cela vous permettra d'une manière ou d'une autre d'écrire plus rapidement votre livre.

En dessinant les contours de votre livre, vous saurez exactement ce que vous allez écrire et vous créerez un livre dont les sections se suivront parfaitement. Auparavant, je pensais qu'il suffisait de se mettre à écrire. L'expérience m'a appris qu'un plan est primordial.

Autant dire que votre plan sera différent s'il s'agit de fiction ou de non-fiction.

Dans la non-fiction, il est aisé de s'en tenir à son plan, même si celui-ci subira de légères altérations durant l'écriture. Tout n'est qu'une question d'organisation et de réflexion avant de commencer.

Dans la non-fiction, vous écrivez, en règle générale, sur un sujet que vous possédez et dont vous connaissez les tenants et les aboutissants et votre plan en tient compte. Vous savez à l'avance plus ou moins ce que vous allez écrire. Vous faites votre recherche si nécessaire et vous écrivez votre plan plus ou moins au fur et à mesure.

Dans la non-fiction, le plan vous permet d'éviter le syndrome de la page blanche plus communément appelé la panne d'écriture. Presque tous les écrivains l'ont connu à un moment ou un autre. Le meilleur moyen de rédiger un bon plan qui vous emportera au-delà de cette panne d'écriture est la recherche.

Si vous avez une grande mine d'informations d'où tirer votre matériel, le processus d'écriture ira beaucoup plus facilement. Vous avez probablement choisi votre sujet basé sur vos connaissances et vous êtes un expert dans le domaine. Cela n'est pas automatiquement suffisant lorsque vous devez écrire un livre.

Si vous êtes un expert dans le domaine choisi, c'est formidable. Vous aurez du plaisir à écrire votre livre. Cependant, organiser toutes vos connaissances sur le papier dans un plan vous aidera et vous aurez besoin de moins de temps pour le faire. Avec votre recherche, il est possible que vous découvriez des informations qui amélioreront celles que vous avez déjà et augmenteront la qualité de votre livre.

Dans un ouvrage de pure fiction comme un roman, le texte dicte en grande partie ce que vous écrivez. Vous avez un plan initial, mais selon ce que font et disent vos personnages (s'il s'agit d'un roman ou d'une nouvelle), l'action se développera dans des directions parfois inattendues. Bien entendu, vous restez maître d'aller dans ces directions ou non, de suivre vos personnages ou non, mais parfois des personnages s'invitent d'eux-mêmes dans votre roman.

Des personnages qui vous étaient totalement inconnus au départ et qui sans crier gare, dansent sur votre page et vous font signe. Ils vous racontent leur histoire. Quel auteur resterait insensible à leur appel ? Et voilà comment votre plan se transforme au cours de l'intrigue que vous pensiez avoir soigneusement tissée.

Ces personnages, souvent inespérés autant

qu'inattendus, sont un signe de la littérature, de votre création et ils vous entraînent quelques fois très loin. C'est alors à vous de nouer tous ces fils de trame qui se sont déroulés presque à votre insu. Ces personnages prendront aussi par la main vos lecteurs et les conduiront dans des endroits inconnus qu'ils découvriront comme vous les avez découverts.

Tout cela pour vous dire que le plan est un bon outil pour débuter, mais que vous pouvez très bien y déroger à un moment donné. Cela se fait à cause de personnages qui se manifestent sans avoir été invités, mais qu'il est impossible d'ignorer. Cela arrive aussi à cause d'une idée qui surgit à l'improviste alors que l'on est occupé à faire tout à fait autre chose.

Par exemple, vous sortez le chien, profitant d'un moment de répit, loin de votre table de travail et soudain, vous avez une idée absolument géniale, mais qui remet tout en question. Ne croyez pas que ce soit si rare. Cela arrivera presque à chaque fois que vous écrirez un livre.

Vous pensez avoir couvert toutes les possibilités. Votre plan est en béton armé. Vous écrivez régulièrement. Tout avance comme sur des roulettes. Et vlan ! L'IDÉE ! Elle chamboule tout, mais vous n'hésitez pas une seconde. Vous l'incorporez à la trame… et devez reprendre un à un, ligne à ligne les morceaux du puzzle que vous aviez si bien élaboré. Qu'à cela ne tienne, vous êtes heureux, car c'est l'idée du siècle, pensez-vous.

Il se peut aussi que vous vous rendiez compte plus avant dans l'intrigue que l'idée du siècle est un gros obstacle à la fluidité ou à la narration ou au développement prévu d'un de vos personnages clés. Vous transformerez le tout à nouveau. Quelle importance ! Vous êtes Dieu sur le papier et celui-ci est patient. Le lecteur toutefois, pourrait très bien l'être moins. Pensez-y lorsque vous voudrez lui soumettre le produit final. Mais, c'est vous le patron.

A une seule chose, vous êtes tenu sans pouvoir y déroger et c'est : la discipline.

Récapitulation :

* Faites votre recherche
* Écrivez votre plan

Étape 6 : La discipline

Il y a un moyen infaillible d'écrire un livre qu'il soit de fiction ou de non-fiction. Le voici résumé en quelques mots :

Écrire, écrire, écrire,
Relire, relire, relire,
Écrire, écrire, écrire,
Relire, relire, relire,
Écrire, écrire, écrire,
Réécrire, réécrire, réécrire.
Réécrire, réécrire, réécrire.
Relire, relire, relire.
Et encore réécrire, réécrire, réécrire.

Pour être en mesure de soutenir ce programme des plus simples, le secret c'est la discipline.

Si vous êtes un auteur chevronné et avez déjà publié plusieurs livres, vous avez déjà probablement aussi trouvé comment fonctionné et quand écrire dans la journée, pendant combien de temps et à quel support confier vos écrits.

En revanche, si vous en êtes à votre premier coup d'essai, ce qui suit vous sera d'une grande utilité.

Une des questions que l'on se pose fréquemment est « Quand est-ce que je dois écrire ? À quel moment de la journée ? » À cela, une seule réponse est valable, car c'est à vous de décider. Il n'y a pas de règle absolue unique pour tout le monde. Mais, pour garder le tempo, il est utile de choisir un moment qui sera toujours le même. Vous préférez le matin ? Écrivez le matin. Vous vous sentez plus en forme le soir ? Écrivez le soir.

Il n'y a pas d'heure pour écrire, mais

attendre que l'inspiration vienne et vous mettre à votre table de travail à ce moment-là est tout simplement se vouer à l'échec et vous ne réussirez jamais ainsi à écrire votre livre. Oui, il faut se mettre à sa table de travail et ainsi l'inspiration viendra. Oui, c'est ainsi et ce n'est pas le contraire.

Maintenant, la table de travail est un concept bien différent pour chacun de nous. Pour beaucoup d'auteurs, ce peut être un coin de bureau ou une table dans leur café favori. Pour d'autres, ce sera un coin sur la table de cuisine. Pour d'autres encore, tout simplement leur ordinateur portable qu'ils traînent avec eux au parc pour écrire à l'air libre, loin du brouhaha de la maison.

À noter que d'autres profitent de leur trajet quotidien en train pour aller de leur travail à leur domicile pour écrire. Le bruit ne les gênant en aucune façon. Peu d'auteurs débutants ont le luxe de pouvoir s'offrir toute une pièce avec une véritable table de travail associée à un bureau où trône leur ordinateur. Le tout est d'avoir la discipline d'écrire.

La discipline est ce qui façonne un auteur ou un athlète. C'est souvent ce qui fait la différence pour un champion. Et vous voulez devenir un champion, c'est-à-dire pour un auteur, écrire son livre, écrire votre livre. L'écrire et le terminer. En cela, la discipline vous aidera.

Il est indispensable d'établir un nombre de mots à écrire par jour. De vous y tenir sans déroger à cette règle. À la rigueur, vous pouvez préférer un nombre d'heures d'écriture. Cela fonctionne aussi. Si vous prenez une heure par jour pour écrire, vous serez surpris des résultats que vous accomplirez.

Réfléchissez un instant. Disons une heure d'écriture par jour. Vous écrirez environ entre 800 et 1000 mots. Un livre est déjà un livre conséquent à partir de 30 000-35 000 mots.

Cela vous prendra 35 heures, disons 40 heures pour écrire ce livre. Une heure tous les jours vous laissera écrire votre livre en 40 jours ! Un mois et demi ! Disons deux mois, en comptant large, pour avoir votre premier brouillon.

L'important, c'est de faire cette heure d'écriture journalière. Il vous arrivera aussi d'écrire plus longtemps qu'une heure certains jours. Ne prenez pas cela pour une excuse de ne pas écrire le lendemain !

En ce qui me concerne, je préfère la portion de 1000 mots par jour. Cela m'oblige à écrire de façon plus régulière, car j'ai remarqué qu'en une heure, parfois, il se passe des moments pendant lesquels je n'écris pas. Mais, chacun doit trouver son moyen personnel et regardez ce qui fonctionne le mieux pour vous.

Pensez à la discipline comme s'il s'agissait d'une hygiène de vie. Appliquez le même principe que pour votre douche ou votre brossage de dents. C'est une routine quotidienne qui nous est devenue indispensable. Cela doit être la même chose avec l'écriture.

Tous les jours au même moment, vous écrirez. Quant à prétendre ne pas avoir le temps, ou pas assez de temps, c'est une mauvaise excuse. C'est uniquement une question d'organisation et c'est certain que vous y arriverez avec un peu de volonté, de persévérance et de pratique.

Il faut faire des choix. Vous aimez la télévision ? Et bien, ne regardez qu'une série par semaine au lieu d'être tous les soirs scotché à votre divan.

On a tellement plus de temps que l'on pense. Faites le test et supprimez tout ce qui n'est pas indispensable. Après tout, ce n'est que pour deux mois.

Nous avons parlé à l'étape précédente de la recherche. Un point important à appliquer est de toujours séparer vos moments d'écriture de ceux que vous dédiez à la recherche. C'est aussi cela la discipline. Faites le plus possible de recherches avant de commencer l'écriture de votre livre.

Si en pleine séance d'écriture, vous remarquez à un moment donné qu'il vous manque une certaine information, faites une note, continuez à écrire, vous y reviendrez plus tard. Vous regrouperez ensuite les quelques notes que vous avez prises pour rechercher tel ou tel topique et une fois la séance d'écriture terminée, vous ferez votre recherche. Ainsi, vous ne briserez pas votre flot d'écriture.

La discipline est ce qui vous permet d'écrire votre premier jet rapidement.

Récapitulation :

* Choisissez votre moment d'écriture
* Écrivez tous les jours
* Fixer votre nombre de mots ou d'heures d'écriture quotidienne.

Étape 7 : Le premier jet

Une fois votre plan écrit, votre moment d'écriture établi, vous pourrez commencer à écrire votre livre. Votre plan vous guide dans la partie la plus importante : l'écriture du premier jet.

Avoir un plan permet d'écrire éventuellement de façon non linéaire et un peu selon l'inspiration du moment. Cela est sans grande importance du moment que vous écrivez le nombre de mots que vous vous êtes fixé d'écrire journellement.

Le premier jet, c'est le premier brouillon que vous mettez sur papier (à l'ordinateur ou au stylo) sans réfléchir beaucoup, mais en suivant votre ligne définie par le plan.

Dans cette première phase, ne pensez pas trop à faire de belles phrases. Cela viendra plus tard. Avec la réécriture, vous aurez toutes les possibilités de polir votre écriture, de former de belles phrases. Mais, si vous essayez maintenant dès le premier jet à faire dans la dentelle, vous risquez fort de ne jamais arriver à avoir un ensemble cohérent et à traiter tous les thèmes que vous vous êtes promis de faire.

Le but est d'avoir le plus rapidement possible votre livre à l'état brut. Et d'arriver à écrire tous les jours sans être démotivé parce que cela irait trop lentement. C'est ce qui arrivera si vous essayez tout de suite d'avoir un résultat parfait. Dans ce cas, « mieux » est souvent l'ennemi de « pas du tout ».

Une belle illustration du premier jet et de la recherche de la perfection à ce stade qui paralyse l'écriture est donnée par un des personnages secondaires de « La Peste » d'Albert Camus, Joseph Grand. Celui-ci désire écrire un roman et n'arrive jamais plus loin que la première phrase alors que la manière dont il en parle au docteur Rieux, un des autres personnages, fait supposer qu'il a déjà un nombre impressionnant de pages écrites :

« "Des soirées, des semaines entières sur un mot... et quelquefois une simple conjonction." Ici, Grand s'arrêta et prit le docteur par un bouton de son manteau. Les mots sortaient en trébuchant de sa bouche mal garnie.
– Comprenez bien, docteur. À la rigueur, c'est assez facile de choisir entre, *mais* et *et*. C'est déjà plus difficile d'opter entre *et* et *puis*. La difficulté grandit avec *puis* et *ensuite*. Mais assurément, ce qu'il y a de plus difficile, c'est de savoir s'il faut mettre *et* ou s'il ne faut pas." »

En soi, les interrogations de Grand sont tout à fait justifiées et ses remarques très pertinentes et cette première phrase prend des tournures bien différentes :

« Par une belle matinée du mois de mai, une élégante amazone parcourait, sur une superbe jument alezane, les allées fleuries du Bois de Boulogne. »

« Par une belle matinée de mai, une svelte amazone, montée sur une superbe jument alezane, parcourait les allées fleuries du Bois de Boulogne. »

Après réflexion, il a préféré « Par une matinée de mai », parce que « mois de mai » comme il le dit si poétiquement « allongeait un peu le trot ».

Mais, la recherche du mot exact pendant l'écriture du premier jet est absolument néfaste et amène inévitablement à s'arrêter d'écrire ce qui est loin d'être le but.

La recherche du mot exact est réservée au stade de la réécriture et des corrections.

Récapitulation :

* Écrivez votre livre sans penser au stade suivant.
* La recherche des belles phrases viendra avec la relecture et les corrections.

Étape 8 : Réécriture et corrections

Vous venez de terminer l'écriture de votre premier brouillon et vous pouvez être fière de vous. Si vous êtes un homme, le résultat est le même : soyez fier de vous !

Vous pouvez maintenant attaquer la deuxième phase de l'écriture de votre livre : la réécriture. Tout d'abord, commencez par une lecture de votre livre pour traquer les éventuelles incohérences que ce soit d'intrigue, ou de personnage ou s'il s'agit de non-fiction, de la fluidité du récit.

Vous désirez que votre lecteur puisse comprendre ce que vous avez à lui communiquer et vous voulez lui procurer un plaisir de lecture. Changez si cela s'avère nécessaire, des paragraphes. Éliminez ce qui vous semble tout à coup superflu. Chaque section devrait suivre logiquement celle d'avant. La même chose vaut pour les paragraphes.

Suivons encore un moment Joseph Grand un personnage de « La Peste » et sa première phrase :

« Par une belle matinée du mois de mai, une élégante amazone parcourait, sur une superbe jument alezane, les allées fleuries du Bois de Boulogne ».

Albert Camus démontre avec son personnage la difficulté de l'écriture. Grand (vous remarquerez le nom qui n'est certainement pas choisi au hasard par Camus) continue à s'appliquer pour atteindre le sommet du raffinement qu'il désire avec sa phrase, qui malheureusement pour lui, restera la seule de tout le roman qu'il avait projeté :

« Il se montra ensuite fort préoccupé par

l'adjectif 'superbe'. Cela ne parlait pas, selon lui, et il cherchait le terme qui photographierait d'un seul coup la fastueuse jument qu'il imaginait. 'Grasse' n'allait pas, c'était concret, mais un peu péjoratif. 'Reluisante' l'avait tenté un moment, mais le rythme ne s'y prêtait pas. Un soir, il annonça triomphalement qu'il avait trouvé : 'Une noire jument alezane.' Le noir indiquait discrètement l'élégance, toujours selon lui. »

À ce moment, Camus laisse voir la nécessité de l'emploi du mot juste et surtout de bien connaître la signification des mots que l'on emploie et Grand se trouve particulièrement démuni lorsque Rieux, le docteur, lui précise qu'« alezane » n'est pas une race, mais une couleur.

Qu'à cela ne tienne, Grand n'abandonne pas et un jour il ose lire à ses amis sa phrase qui enfin a acquis le rythme qu'il désirait lui donner :

« 'Par une belle matinée de mai, une svelte amazone montée sur une somptueuse jument alezane parcourait les allées pleines de fleurs du Bois de Boulogne.' Mais, lus à haute voix, les trois génitifs qui terminaient la phrase résonnèrent fâcheusement…

Il avait pensé à supprimer 'de Boulogne', estimant que tout le monde comprendrait. Mais alors la phrase avait l'air de rattacher à 'fleurs' ce qui, en fait, se reliait à 'allées'. Il avait envisagé aussi la possibilité d'écrire : 'Les allées du Bois pleines de fleurs.' Mais la situation de 'Bois' entre un substantif et un qualificatif qu'il séparait arbitrairement lui était une épine dans la chair. »

Le roman de Camus nous fait pénétrer dans les coulisses de l'écriture et elles restent les mêmes qu'il s'agisse de fiction ou de non-fiction. Que ce soit un roman ou une nouvelle, la recherche du mot juste sera la quête essentielle de la réécriture.

Une fois cette tâche accomplie, vous relirez encore une fois votre livre pour, cette fois-ci, vous débarrasser des fautes de grammaire et d'orthographe en vous concentrant sur les phrases et les accords, les temps de conjugaison et leur concordance.

Récapitulation :

* Relisez votre texte pour traquer les incohérences.

* Relisez encore pour chercher les mots justes, améliorer la fluidité…

* Relisez encore pour supprimer les fautes de grammaire, d'orthographe…

Étape 9 : Petits exercices de réécriture

Vous avez pu voir à la section précédente comment corriger votre livre et réécrire certaines phrases. Continuons à nous servir de cette phrase de Joseph Grand.

« Par une belle matinée du mois de mai, une élégante amazone parcourait, sur une superbe jument alezane, les allées fleuries du Bois de Boulogne. »

« Par une belle matinée de mai, une svelte amazone, montée sur une superbe jument alezane, parcourait les allées fleuries du Bois de Boulogne. »

« Par une belle matinée de mai, une svelte amazone montée sur une somptueuse jument alezane parcourait les allées pleines de fleurs du Bois de Boulogne. »

« Par une belle matinée de mai, une svelte amazone montée sur une somptueuse jument alezane parcourait les allées pleines de fleurs du Bois de Boulogne. »

Essayez de la réécrire de plusieurs façons différentes.

En posant des ambiances diverses comme celle d'un :

* Thriller
* Roman sentimental
* Roman de Science-fiction
* Roman historique
* Roman de western
* Etc.

Puis, essayez de situer votre amazone dans d'autres endroits tout en restant crédible.

Un autre exercice consiste à se mettre dans la peau d'un autre écrivain. Écrire comme… Exercice beaucoup plus difficile puisqu'il vous faudra réfléchir à la manière dont tel ou tel auteur forme ses phrases, place un personnage, crée une ambiance.

Toutefois, cet exercice a été pratiqué par de nombreux auteurs qui sont devenus des auteurs à succès, vendant des best-sellers par millions. L'utilité de cet exercice est de vous faire réfléchir à toutes ces possibilités qui s'offrent à vous. Elles sont sans limites ou plutôt elles n'ont de limites que votre imagination. C'est pourquoi il est impératif de stimuler votre imaginaire.

Un des moyens infaillibles, simples et efficaces est de se servir d'une base externe, autrement dit du texte de quelqu'un d'autre et de le retravailler d'autant de manières différentes que possible.

La phrase de Camus est en ce sens

absolument idéale puisque l'auteur a déjà commencé le travail et nous procure ainsi des exemples.

La réécriture n'est pas seulement corriger quelques fautes de grammaire ou d'orthographe, même si cela est aussi indispensable.

La réécriture est un travail qui donne de la profondeur à votre texte. Sans aller jusqu'à ne plus pouvoir choisir comme Joseph Grand, il est bon d'y passer un peu de temps.

Une fois votre premier jet couché sur le papier, laissez-le deux ou trois jours sur votre table, lisez un roman ou un ouvrage qui vous plaît. Ou encore mieux, commencez l'écriture d'un autre livre et faites les petits exercices donnés plus haut avec d'autres variantes. Oubliez le livre que vous venez de terminer pour quelques jours, puis commencez la réécriture en profondeur.

Récapitulation :

* Prenez la phrase de Camus et réécrivez-la de différentes façons.

* Prenez une de vos phrases et faites la même chose.

* Reprenez votre texte phrase par phrase et réécrivez-le.

Étape 10 : Choisir un titre

Sur le bon moment de choisir un titre, les avis diffèrent énormément. Certains vous diront que vous devez avoir votre titre depuis le début. Pour ma part, je n'en suis pas sûre du tout et, en fait, je le fais rarement. Ou plutôt ce que j'ai au début, c'est un titre de travail.

Ce titre de travail change au fil du temps. Par exemple, pour ce livre que vous êtes en train de lire, le titre de travail était « Comment écrire un livre ». Comme il existe plusieurs ouvrages avec ce titre, je devais voir ce qui différencie mon livre des autres, ce qui le rend unique.

Ce qui le rend unique, c'est que c'est un

livre qui explique les étapes du processus d'écrire un livre. Cela, sans promettre la richesse, les ventes faramineuses, ou des prix littéraires. Une fois que j'avais compris cela, il ne me restait plus qu'à compter les étapes que je proposais et à les ajouter au titre. Mais, je ne pouvais le faire qu'une fois le premier jet du livre écrit.

Vous me direz, si j'avais compté 11 étapes et qu'au cours de l'écriture, j'en avais développé une douzième, je n'aurais eu qu'à l'ajouter au titre et au lieu de onze étapes en annoncer douze. Vous avez raison.

Une chose est certaine. Un bon titre aide à vendre. C'est vrai pour les livres de non-fiction et c'est vrai pour les romans en tous genres. Quoique... pour les romans, la quatrième de couverture est aussi très importante ainsi que le nom de l'auteur.

Aujourd'hui, je passais à la bibliothèque qui est une petite bibliothèque de village où tous les amoureux des livres se parlent. Comme le samedi est la seule journée d'ouverture pendant l'été, plusieurs d'entre nous attendaient leur tour. Je lançais la question de savoir ce qui incitait les gens à choisir un livre plus qu'un autre. À l'unanimité, les personnes répondirent que le titre et l'image étaient la première chose qu'elles prenaient en considération dans leur choix. Si cela leur plaisait, alors elles tournaient le livre et lisaient la quatrième de couverture pour décider s'il fallait prendre le livre ou non. Sauf pour leurs auteurs favoris, elles prenaient tout ce qu'il écrivait, sans distinction.

Si vous êtes un écrivain connu, qu'importe le titre ou la quatrième de couverture. Les lecteurs achètent votre livre, car ils connaissent votre style, votre écriture et savent ce qu'ils peuvent attendre de votre livre : un grand plaisir de lecture.

Toutefois, si vous êtes un illustre inconnu,

il est préférable d'avoir un titre qui « parle » et précise le plus possible le contenu de votre livre doublé d'un sous-titre et d'une bonne quatrième de couverture. C'est doublement valable pour les auteurs de non-fiction.

Votre titre doit être court de préférence. Cela ne veut pas dire qu'un titre long n'aura pas de succès, mais c'est une tendance générale que les titres courts se vendent mieux. Puis, votre sous-titre devra expliciter ce que votre livre contient.

Pour trouver un titre percutant, passez une demi-heure à écrire sur une page le plus de titres possible pour votre livre. Ne vous limitez en aucune façon. Toutes les idées sont bonnes. Écrivez-les toutes. Ensuite, retenez les deux meilleures. Si vous écrivez un livre de non-fiction, le sous-titre découlera automatiquement du titre. Pour un roman, un sous-titre n'est généralement pas utile.

Après avoir terminé votre premier jet, vous

saurez quel est le titre que vous désirez garder. En outre, en écrivant vous aurez réfléchi et votre titre vous viendra automatiquement à l'esprit après une petite séance de réflexion. Vous pouvez aussi demander l'avis de vos amis.

Récapitulation :

* Écrivez sur un papier le plus possible de titres en trente minutes.

* Gardez les deux meilleurs.

* Tout en écrivant votre livre, pensez à votre titre.

* Tranchez lequel choisir.

Étape 11 : La présentation 1

La présentation d'un livre est une étape si importante qui est, hélas, souvent oubliée par les auteurs indépendants. Pour rendre les choses plus claires, j'ai divisé cette étape en deux parties.

Votre texte est ce que le lecteur va lire. Non seulement votre contenu doit être de qualité, mais la présentation doit l'être aussi croyez-moi. Cela fait la différence entre une expérience de lecture agréable et une expérience moins agréable.

Les polices

Adoptez la simplicité dans le choix de vos polices. J'ai un jour reçu d'un auteur tout un manuscrit en une sorte de police gothique et je préfère vous dire qu'il m'a été impossible de le lire. Après deux pages, mes yeux n'en pouvaient plus et ma vue se brouillait. J'ai abandonné et j'ai renvoyé le texte avec une note.

Si les Lucida Handwriting et consœurs présentent très bien sur des cartes d'anniversaire ou de vœux en tous genres, il en va tout autrement pour un livre. Pour présenter des vœux, la fantaisie est de rigueur ; pour un livre, c'est la sobriété.

En outre, si vous décidez de publier votre livre en version numérique, que ce soit dans la boutique Kindle, Kobo, iBook ou autres, sachez que les polices fantaisistes passent très mal la conversion et subissent des changements qui ne seront pas de votre goût ni de ceux de vos lecteurs.

Les polices qui s'adaptent le mieux aux éditions numériques sont : Times, Times New Roman, Garamond, Helvetica, Arial, Cambria et quelques autres qui sont le plus souvent utilisées par les développeurs ce qui explique leur pouvoir d'adaptation à différents supports.

Le prochain point que je désire aborder avec vous est celui des chapitres.

Les chapitres
Vous pouvez les appeler comme vous le souhaiter, que ce soit section, chapitre, étape ou simplement les doter d'un numéro, mais ils sont essentiels à la structure de votre texte.

Important de se rappeler que les chapitres d'un texte doivent toujours IMPÉRATIVEMENT commencer sur la page de droite, c'est-à-dire la page impaire. Cela est, bien évidemment, de moindre importance si vous ne faites qu'une édition numérique de votre bébé.

En tant qu'auteur, vous avez le droit de choisir les titres de vos chapitres comme bon vous semblera. Toutefois, si vous vous décidez pour un titre à chaque chapitre, il est préférable qu'il soit en rapport avec le déroulement de l'intrigue à ce stade-là. Que ce soit de la fiction ou de la non-fiction, il y a quelques règles à respecter.

Et, bien entendu, comme toutes les règles elles peuvent être transgressées. Il y a des auteurs qui mettent une phrase d'un autre auteur en exergue et un numéro au lieu d'un titre de chapitre. Cela peut très bien fonctionner. Toutefois, en creusant un peu on se rend compte que la phrase en question a un rapport avec le texte qui suit. C'est à méditer lorsque vous choisirez votre système.

Une autre convention à ne pas négliger est la séparation d'un texte en paragraphes.

Les paragraphes
Vous pouvez ne pas l'appliquer, mais vous vous devez de la connaître comme toutes les règles et conventions qui ont rapport à

l'écriture, la littérature et la publication.

La séparation des paragraphes vous permet d'aérer votre texte. Il en deviendra plus lisible. Cela est valable pour toutes les sortes d'écrits qu'ils soient de fiction ou non. La lisibilité d'un texte augmente avec son aération.

Les paragraphes courts améliorent le pouvoir de concentration du lecteur. Pour l'auteur, c'est plus facile de faire passer le message. Le texte devient plus clair. Un saut de ligne entre les paragraphes facilite la lecture dans les ouvrages de non-fiction.

Dans les ouvrages de fiction, les paragraphes se suivent, mais comportent des alinéas pour soutenir le rythme de lecture.

Les alinéas

En fait, les romans ont la plupart du temps un alinéa avec retrait pour marquer les paragraphes, mais pas de saut de ligne pour les séparer sauf si un changement conséquent apparaît. Parfois, l'auteur et l'éditeur ont opté pour un saut de ligne, mais pas de retrait en première ligne de paraphe. Seuls les alinéas sont marqués avec un retrait.

Pour les livres de non-fiction, toutes les conventions sont acceptées en la matière. Le principal sera pour vous de choisir une forme et de l'appliquer de façon conséquente d'un bout à l'autre de votre ouvrage.

Récapitulation :

* Choisissez une police ordinaire qui sera lisible sur tous les supports.
* Séparez votre texte par des chapitres, sections, numéros ou étapes…
* Pensez aux paragraphes qui allègent la lecture.
* Choisissez une convention pour votre ouvrage et appliquez-la de manière conséquente.

Étape 11 : La présentation 2

La couverture

La première chose qui saute aux yeux dans un livre est sa couverture. Que ce soit en librairie, sur Amazon dans la Boutique Kindle ou toute autre plateforme de ventes, vous voyez la couverture du livre en premier. C'est dire si celle-ci est importante.

Ensuite, seulement vous lisez le titre. Si le titre colle bien à la couverture ou l'inverse, les deux vous atteignent en même temps, car ils ne font qu'un.

Il est vrai que les grandes maisons d'édition ont souvent une couverture qui est la même pour tous les livres d'une collection.

Par exemple, la « Blanche » de Gallimard. Seuls les nom et prénom de l'auteur et le titre sont différents. Par ailleurs, le design reste le même pour tous. Ce qui est valable et fonctionne pour Gallimard et ses auteurs ne fonctionnera pas nécessairement pour vous.

Je ne saurais trop vous conseiller d'avoir une « belle » couverture pour votre livre. Celle-ci peut faire LA différence dans les ventes.

Pour vous donner un exemple, je prends mon livre « Comment devenir proustien sans lire Proust ». Lors de la publication en 2010, j'avais confectionné moi-même une couverture que je trouvais pas mal du tout et dont j'étais assez fière. En cinq ans, j'ai vendu une cinquantaine d'exemplaires. Pas de quoi sauter au plafond. Au mois de juin 2015, je publie une réédition avec une superbe couverture réalisée par un professionnel. Résultat des courses ? Quatre à cinq exemplaires vendus par semaine.

De ce qui précède, il ressort que bricoler soi-même une couverture n'est pas toujours la meilleure option. Même si vous êtes habile et possédez des dons de graphiste. Vous avez passé quelques semaines, voire quelques mois à écrire votre livre. Vous désirez, bien entendu, le vendre puisque vous le publiez. Offrez-lui alors une couverture digne de ce nom.

Vous pouvez très bien être performant avec Photoshop ou tout autre logiciel de création graphique. Toutefois, vous le serez rarement autant que quelqu'un dont la profession est de créer des couvertures de livres à longueur de journée. En outre, cela est terriblement chronophage. Vous perdrez beaucoup de temps que vous pourriez passer à écrire pour un résultat qui au mieux sera moins bon que ce qu'il pourrait être.

Vous avez passé du temps à trouver un titre percutant, vous avez écrit un livre en donnant le meilleur de vous-même… Donnez à votre bébé les habits nécessaires pour entrer dans la vie pour que celle-ci soit longue et que le succès y domine.

D'un autre côté, la couverture de votre livre peut très bien consister en une image avec des graphismes pour le titre et les informations, mais des graphismes seuls peuvent aussi créer de très belles couvertures. À vous de voir. Gardez seulement à l'esprit que la couverture doit transmettre le sujet du livre.

Bien entendu, les exceptions existent autrement il ne s'agirait pas d'une règle ! Cependant, pour un auteur inconnu la couverture sera essentielle pour attirer le lecteur. C'est elle qu'il verra en premier.

Dans la version papier, le lecteur se tournera ensuite vers la quatrième de couverture pour récolter des informations sur le livre et accessoirement sur l'auteur.

La quatrième de couverture

Une couverture comprend trois parties. Le devant, le dos et la quatrième. Le devant vous saute habituellement aux yeux en premier. Il comprend le nom de l'auteur, le titre et le nom de l'éditeur, avec ou non une image ou une photographie de fond. Certains livres de non-fiction ne comportent pas le nom de l'auteur pour laisser plus de place au titre et au sous-titre. Le nom de l'éditeur en est aussi absent. Mais, pas toujours.

Sur le dos on lit le titre, le nom de l'auteur et le nom de l'éditeur. De même que pour le devant, les noms de l'auteur et de l'éditeur peuvent avoir été supprimés. Sur la quatrième de couverture, on retrouve généralement le titre, le nom de l'auteur et une courte biographie avec une photo ou non, mais, le plus important de l'information sur le contenu : la description.

Dans la version numérique, la description

est ce qui correspond à la quatrième de couverture puisque le dos et l'arrière du livre sont invisibles. Inutile de préciser que les avis sur les descriptions sont très partagés pour ne pas dire opposés. Certains préconisent des descriptions longues, d'autres des courtes.

Personnellement, je lis rarement les descriptions longues sur Kindle ou sur n'importe quel support. En revanche, je lis toujours ou presque celles qui sont courtes. J'achète fréquemment des livres à cause de la quatrième de couverture. Les couvertures m'influencent énormément.

Si l'auteur m'est inconnu, j'aime bien qu'il y ait une bio.

Récapitulation :

* Apportez un grand soin à votre couverture et faites-la faire de préférence par un professionnel.

* Tout comme pour le titre, votre

quatrième de couverture doit être élaborée de façon à dévoiler une partie du contenu, du moins le sujet de votre livre.

Étape 12 : La publication

Bien que la publication d'un livre ne fasse pas partie de sa rédaction, j'ai décidé d'en parler avec vous parce que si vous avez terminé votre livre en suivant les étapes que je vous ai données, vous voudrez certainement le publier.

Peut-être même que vous avez commencé à écrire parce que vous vouliez être publié. C'est tout à fait légitime. Dans ce cas, vous avez deux options. Ou bien vous publiez votre livre chez un éditeur ou bien vous le publiez vous-même.

Que vous choisissiez l'une ou l'autre de ces deux options, votre manuscrit doit être irréprochable.

Publier avec un éditeur

Si vous désirez l'envoyer à un éditeur, assurez-vous d'avoir un bon titre ou bien précisez qu'il s'agit d'un titre de travail. L'éditeur comprendra que vous êtes prêt à négocier le titre et qu'il n'a pas à faire à un auteur qui refusera de changer un iota à son texte.

Même si vous avez passé plusieurs heures à trouver votre titre, une personne avec un regard neuf et qui n'aura pas nécessairement les mêmes attaches émotionnelles au texte que vous, pourrait très bien dénicher un titre encore plus percutant que le vôtre. Ce sera tout bénéfice. Restez ouvert à cette éventualité.

Par ailleurs, votre présentation doit être irréprochable. On ne le dira jamais assez. Une page titre avec vos nom et prénom et le titre.

En bas à gauche, vos coordonnées pour que l'éditeur puisse vous contacter. Il fera rarement usage de cette possibilité, mais mieux vaux qu'il le puisse. On ne sait jamais.

Ne mettez jamais le nom de l'éditeur en bas de la page titre. L'éditeur pourrait trouver cela arrogant et prétentieux, même si pour vous il s'agit d'un hommage à votre éditeur préféré.

N'envoyez jamais des feuilles volantes, même avec une numérotation des pages. Assemblez-les de façon professionnelle ou faites-le faire dans une entreprise de reprographie.

Mettez le manuscrit dans une chemise cartonnée et envoyez-le à une dizaine d'éditeurs que vous aurez préalablement choisis. Une lettre d'accompagnement est superflue. Celui qui doit lire votre manuscrit la lit rarement s'il s'agit d'un éditeur qui reçoit plusieurs manuscrits par jour.

S'il est bien écrit, bien présenté, votre manuscrit a toutes les chances de trouver un éditeur. Il s'agit de persévérer et d'avoir de la patience. Ne vous laissez pas décourager par les lettres de refus. Il y en aura. Ce ne sont pas celles que vous attendez. La seule lettre importante, c'est celle qui vous offre un contrat de publication à compte d'éditeur.

Envoyez votre manuscrit par dizaine à la fois. Il y a des milliers, du moins des centaines, d'éditeurs ; vous trouverez le vôtre. Toutefois, après avoir fait une trentaine d'envois infructueux, il est temps de revoir votre copie. Cela pourrait provenir de la qualité de votre texte.

Dites-vous bien qu'un éditeur chevronné, petit ou grand, sait dès la première ligne s'il va lire tout le manuscrit ou non. En outre, s'il le lit en entier ne veut pas nécessairement dire qu'il va le publier.

Pour vous donner du cœur à l'ouvrage, pensez que des auteurs comme Jean Cocteau ou Marcel Proust ont publié leurs premiers livres en autopublication, car les éditeurs avaient refusé leurs écrits. Regardez aussi leurs manuscrits et vous verrez qu'ils ont passé énormément du temps à les réécrire. Cela devrait vous inspirer pour retravailler votre manuscrit !

Par ailleurs, ce n'est pas parce que vous passerez par l'autopublication que vous deviendrez un grand écrivain ou que vos livres deviendront des best-sellers ! Toutefois, ne considérez pas l'autopublication comme un pis-aller. C'est une démarche noble à part entière et un choix qui peut être celui du début.

Publier en autopublication

Si vous optez pour l'autopublication, les possibilités de nos jours foisonnent. Plusieurs plateformes vous offrent des outils de publication sans que vous ayez à débourser un centime. Parmi celles-ci, Lulu, Kobo et Amazon sont probablement les plus utilisées.

Avec Amazon, vous bénéficiez également d'un grand outil de marketing et de la possibilité de publier votre livre en version papier et en version numérique. L'outil de création pour la version papier est appelé CreateSpace. Surtout très pratique si vous parlez anglais. La version française est prévue.

CreateSpace est la fusion de deux entreprises rachetées par Amazon en 2005. L'une CustomFlix a été créée en 2002 par un groupe de quatre collègues qui décidèrent de rendre la distribution des films plus facile pour les réalisateurs indépendants. BookSurge le fut en 2000 par un groupe d'écrivains qui voulaient que les auteurs puissent non seulement publier leurs livres, mais aussi garder leurs droits et subséquemment les profits des ventes.

CreateSpace publie avec le principe de la publication sur demande ce qui évite d'avoir des stocks de livres. En tant qu'auteur, vous pouvez décider du prix de votre livre et CreateSpace calcule pour vous les droits d'auteur que vous percevrez par exemplaire vendu. Votre livre sera disponible dans le monde entier.

Pour les livres en version numérique sur Amazon, vous devrez créer un compte à part sur KDP. Là aussi, tout le travail de calcul des droits d'auteur est fait par la plateforme et là aussi votre livre sera disponible dans le monde entier.

Je n'entrerai pas dans les détails de la publication proprement dite, car il y a d'excellentes explications pour cela sur le site et vous trouverez aussi plusieurs ouvrages très détaillés à ce sujet.

Bien entendu, vous avez aussi la

possibilité de faire imprimer votre livre chez un imprimeur et de le vendre à l'aide d'un site Internet et sur les salons. Cela demande beaucoup de temps et réfléchissez bien à ce que vous voulez faire.

Une autre option, et de loin la plus subtile, c'est de faire un savant dosage des différentes possibilités offertes. Vous pouvez publier votre livre en autopublication sur la plateforme d'une grande enseigne et simultanément en faire imprimer pour vous-même et les signer sur des salons ou lors de séance de dédicaces que vous pourrez organiser chez votre libraire ou un autre lieu propice. Cela ne sera faisable que si vous ne vous engagez pas chez un éditeur. Dans ce cas, il sera le seul à décider de la publication.

Récapitulation :

* Publier avec un éditeur et abandonner vos droits et toucher 10 % des ventes.
* Publier en autopublication et garder vos

droits pour toucher jusqu'à 70 %.

* Choisir la version papier ou la version numérique.

* Publier sur une plateforme comme Amazon et bénéficier du marketing.

* Faire imprimer et distribuer soi-même ses livres.

* Choisir les options différentes simultanément.

Conclusion

Vous avez maintenant écrit votre livre. Du moins, savez-vous vous y prendre pour le faire. Vous n'aurez plus qu'à répéter le même processus pour les suivants.

Cette méthode en 12 étapes simples et efficaces que je viens de vous confier est la mienne. C'est elle qui m'a permis d'écrire plus d'une quarantaine de livres : essais, récits, romans, mémoire de maîtrise, recueils de poésie, thèse de doctorat... Même lorsque je dois écrire un article, j'applique ces différentes étapes.

Au fil du temps, vous développerez votre méthode personnelle, car chaque écrivain a la sienne qui lui est propre. Plus vous écrirez et plus vous deviendrez indépendant dans votre manière de faire.

Vous saurez de mieux en mieux quel genre vous convient. Il vous arrivera aussi peut-être, tout comme moi, de sauter d'un genre à l'autre et d'être toujours à l'aise dans celui que vous choisirez à ce moment-là.

Vous penserez toujours à vos lecteurs en écrivant. Vous penserez au problème à résoudre pour eux et tenterez de leur apporter des solutions pour accomplir leurs désirs. Si vous écrivez des romans, vous ferez vivre vos personnages, quelles que soient les aventures dans lesquelles vous les emmènerez, afin que vos lecteurs puissent s'identifier à eux.

Vous aurez trouvé un coin auteur rien qu'à vous et vous aurez opté soit pour l'ordinateur, soit pour le papier et le stylo ou les deux. Peut-être que certains d'entre vous dicteront leurs écrits.

Vous deviendrez expert dans l'art de faire vos recherches et vos plans seront détaillés pour vous permettre d'écrire rapidement vos livres. Vous écrirez tous les jours avec discipline pour avancer dans votre projet d'écriture. Parfois, ce sera le nombre de mots par jour qui vous guidera ; d'autres fois vous opterez pour un laps de temps quotidien dédié à l'écriture.

Une fois vos brouillons jetés sur le papier, vous les relirez et les réécrirez autant de fois qu'il sera nécessaire pour y apporter fluidité et procurer du plaisir de lecture à vos lecteurs. Vous ne négligez pas de faire des exercices à contrainte pour écrire avec plus d'aisance et trouver le mot juste.

Vous savez déjà l'importance des titres, de la présentation et surtout d'écrire des livres avec un contenu de qualité qui apporte quelque chose à vos lecteurs, qui les aide dans leur quête. Car des lecteurs vous en aurez si vous publiez vos livres et y avez apporté le soin décrit dans ces 12 étapes simples et efficaces.

Le succès sera d'avoir écrit vos livres. Les ventes, c'est une histoire de marketing, mais aussi de qualité. Et la qualité est le début de toute aventure littéraire. La vôtre, la mienne, la nôtre.

Cordialement,
Murielle Lucie Clément

PS : J'espère que « Comment écrire un livre et avoir du succès. 12 étapes simples et efficaces » vous a aidé à atteindre votre but.

Cette méthode m'a permis de publier mes livres et d'avoir du succès, je pense qu'elle pourra aussi vous permettre d'atteindre le succès que vous méritez.

Si vous désirez parler plus avant de vos livres, de vos attentes, de vos dilemmes, n'hésitez pas à me contacter via mon site Internet http://www.murielleluciaclement.com ou par mail : clementml@me.com

Table des étapes :

www.ingramcontent.com/pod-product-compliance
Lightning Source LLC
Chambersburg PA
CBHW030108070426
42448CB00036B/545